FLAMBEAU

En cas de perte, veuillez retourner l'animal au
DR ERNEST DRAKE
FORÊT DE SAINT-LÉONARD, HORSHAM,
ANGLETERRE

SOMMAIRE

Conçu et produit par The Templar Company Plc.

Première publication au Royaume-Uni en 2005 par Templar Publishing sous le titre *Bringing Up Baby Dragons*

300, rue Léon-Joulin, 31101 Toulouse Cedex 9 – France
www.editionsmilan.com

Loi 49.956 du 16.07.1949

Dépôt légal : 4e trimestre 2006
ISBN : 2-7459-2201-7
Imprimé en Chine

NOTE DE L'ÉDITEUR : Cet ouvrage se veut le fac-similé d'un original retrouvé parmi les effets personnels du Dr Ernest Drake. Il n'est pas exclu qu'il ait été rédigé pour la nièce et le neveu de ce chercheur, qui n'avaient pas trouvé tous les conseils pratiques dont ils avaient besoin dans *Dragonologie : Encyclopédie des dragons*. Ce dernier ouvrage, qui aurait été publié en 1895, a été réédité par les Éditions Milan en 2004.

Dr Ernest Drake

Dragonologie

COMMENT ÉLEVER SON BÉBÉ DRAGON

GUIDE PRATIQUE

RÉDACTEUR

DUGALD A. STEER,

DOCTEUR EN SCIENCES NATURELLES DE L'UNIVERSITÉ DE BRISTOL,

S. A. S. D.

VOLUME ILLUSTRÉ

TRADUCTION D'EMMANUELLE PINGAULT

MILAN jeunesse

« Il n'est guère de passe-temps aussi passionnant que l'élevage d'un dragonnet à peine sorti de l'œuf. »

INTRODUCTION

Ces derniers temps, on a beaucoup parlé des dragons ; dans l'espoir d'en trouver quelques-uns, on a fouillé la moindre haie, examiné les grottes montagnardes et lancé des expéditions vers les cités oubliées de la jungle et les icebergs qui flottent autour des pôles. La Société ancienne et secrète de dragonologie en ressent une certaine inquiétude, car rien n'empêcherait qu'un dragon tombât aux mains d'une personne dépourvue de la qualification et du savoir nécessaires pour l'élever correctement. Certes, il n'est guère de passe-temps aussi passionnant que l'élevage d'un dragonnet à peine sorti de l'œuf ; mais cela exige une attention considérable, ainsi qu'une totale disponibilité. C'est en gardant cette idée à l'esprit que nous avons rédigé le présent guide pratique. Vous adoptez un jeune orphelin ? Vous mettez un œuf à couver ? Vous trouverez ici tout ce qu'il vous faut savoir pour mener votre projet à son terme. Qu'il s'agisse de choisir la race de votre petit protégé, de lui aménager un repaire douillet ou de le rendre à la nature quand il sera grand, vous ne pourrez bientôt plus vous passer de nos recommandations avisées.

Ernest Drake

LES CARACTÉRISTIQUES DES RACES

Au moment de choisir la race de dragon qui se prête le mieux à un élevage à domicile, évaluez bien les différents facteurs : demeurez-vous dans un appartement ou dans une maison, avez-vous un jardin, êtes-vous capable de dresser un dragonnet, y a-t-il des enfants sous votre toit, saurez-vous assurer la sécurité de l'animal… ?

DRAGON EUROPÉEN *Draco occidentalis magnus*

POUR ÉLEVER un dragon européen, il vous faut un local spacieux et bien gardé, entouré d'un grand domaine ou, tout au moins, de quelques hectares de forêt. Sinon, vous risquez d'assister à de multiples incendies, de voir vos amis et votre famille fuir votre compagnie, ou pis encore.

FLAMBEAU LE REDOUTABLE

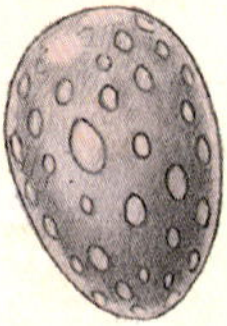

Le brasero où l'on tient au chaud un œuf de dragon européen doit être placé dans un local bien ventilé.

KNUCKER *Draco troglodytes*

ADOPTER un knucker est pratiquement votre seule option si vous vivez dans un appartement : en effet, c'est le plus petit de tous les dragons. Son solide appétit l'incite à croquer tout ce qu'il trouve ; mieux vaut donc le tenir éloigné des jeunes enfants.

CHAFOUIN

Pour la couvaison, l'œuf de knucker peut tout simplement être posé sur un poêle.

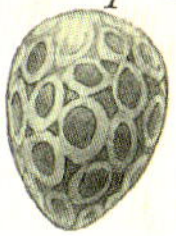

DRAGON DES GLACES

Draco occidentalis maritimus

N'ACCUEILLEZ cet animal que si vous résidez dans le cercle polaire arctique. En effet, une chaleur excessive (au-dessus de 0 degré) le fait tomber en léthargie. Évitez de chauffer votre maison si vous en adoptez un.

BAVURE

L'œuf du dragon des glaces doit être tenu au frais, entre un ventilateur et un pain de glace par exemple.

DRAGON ASIATIQUE

Draco orientalis magnus

LUNG WEI

POUR ÉLEVER un dragon asiatique, il faut qu'un cours d'eau passe à proximité. Ne tentez cette expérience que si vous vivez au bord d'une source, d'une cascade ou d'un fleuve.

Pour veiller sur vos œufs de dragon asiatique, vous devrez revêtir une combinaison de plongée.

VOUIVRE *Draco africanus*

L'ÉLEVAGE d'une vouivre repose sur trois principes : lui faire faire beaucoup d'exercice ; organiser régulièrement des promenades ; la conduire souvent au jardin public. Cet animal présente une endurance physique remarquable.

SALAZAR

Une solide brouette vous permettra de déplacer vos œufs de vouivre. Veillez par-dessus tout à ne pas les faire tomber sur vos orteils.

GUSANO

AMPHIPTÈRE MEXICAIN

Draco americanus mex

TRÈS EXOTIQUE, l'amphiptère mexicain se sentira chez lui si vous lui édifiez un nid pyramidal en brique ou en pierre de taille. Il apprécie également l'humidité.

En cas de chute, l'œuf de l'amphiptère, protégé par sa coquille caoutchouteuse, rebondira sans que l'embryon en pâtisse.

HOPPY

Grâce à la grande diversité des motifs qui ornent les œufs, les mères peuvent identifier leur couvée sans problème.

DRAGON MARSUPIAL *Draco marsupialis*

FACILE À COUVER et à élever, le dragon marsupial n'avait pas d'ennemi naturel jusqu'à l'arrivée de l'homme en Australie. Si votre dragonnet est saisi de tristesse, le meilleur remède consiste à reconstituer chez vous son habitat naturel des montagnes Bleues et à asperger le sol d'huile d'eucalyptus.

LES RACES RARES ET EXOTIQUES

En plus des races ordinaires que nous venons d'évoquer, certains dragonologues choisissent d'élever des dragons plus rares avant de les réinstaller dans leur élément. Quelques spécialistes se risquent même à élever des races exotiques, comme la cockatrice.

COCKATRICE *Gallicus halitosis*

SON SOUFFLE TOXIQUE, extrêmement dangereux, fait de la cockatrice un véritable défi pour l'éleveur. Vous devez donc être équipé de vêtements de protection, à commencer par un masque en toile de soie que vous imbiberez d'un parfum capable de neutraliser quelque temps l'haleine de l'animal.

Pour mener à terme l'incubation de votre cockatrice, procurez-vous un gros crapaud apprivoisé.

Le rôle des crapauds lors de la couvaison des œufs reste mal compris, mais il semble que leur bave gluante ne soit pas sans effet.

HÉRISSETTE

AMPHIPTÈRE AMÉRICAIN

Draco americanus tex

CETTE ESPÈCE doit sa popularité à ses écailles, qui composent une large gamme de couleurs. On espère voir naître un petit orné d'une réplique de la Bannière étoilée.

La coquille de cet œuf émet une lumière phosphorescente qui permet à ses parents de le localiser facilement.

GUEULE-DE-CUIR

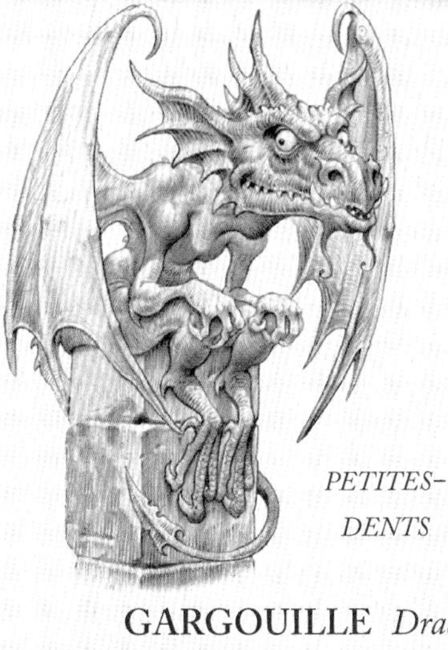

PETITES-DENTS

Ces œufs sont d'une solidité remarquable : ils peuvent subir une chute d'une hauteur considérable sans la moindre séquelle.

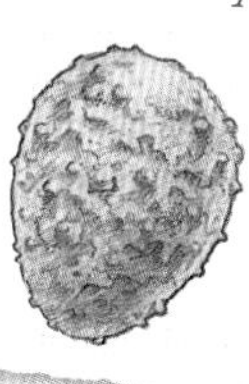

GARGOUILLE *Draco occidentalis minimus*

LA GARGOUILLE s'accommode très bien de la vie dans les hauts immeubles que l'on voit un peu partout en ce moment. En effet, elle peut somnoler des jours et des jours sur le rebord d'une fenêtre, sans remuer un muscle ; on en viendrait presque à la prendre pour une statue taillée dans la façade.

LES PRÉPARATIFS

Il existe deux méthodes pour élever un dragonnet : adopter un petit orphelin ou couver un œuf dont la mère a disparu. Ne vous emparez pas d'un dragonnet ou d'un œuf qui ne serait pas seul au monde ! Tôt ou tard, la mère vous retrouverait et vous soumettrait à des représailles fort désagréables.

OÙ SE PROCURER UN ŒUF OU UN NOUVEAU-NÉ ?

* ***Dans la nature :*** *Surtout, assurez-vous que l'œuf ou le petit est bel et bien à l'abandon.*
* ***Chez un trafiquant :*** *Ne prenez ce risque que si vous êtes capable d'identifier un œuf sain. Et certains indélicats volent à leur client le dragonnet qu'ils avaient vendu.*
* ***Auprès de la S. A. S. D. :*** *C'est la meilleure garantie de qualité, mais notre liste d'attente est fort longue.*
* ***Chez un éleveur agréé :*** *Hélas ! les dragons deviennent si rares que bien des éleveurs ont fait faillite.*

Méfiez-vous des camelots qui pratiquent la vente à la sauvette.

IDENTIFIER UN ŒUF SAIN

Un œuf de dragon doit être parfaitement sain. Pour vous en assurer, plongez-le dans l'eau bouillante (il doit couler), dans l'acide (il ne doit pas se dissoudre), ou bien décollez le papier qui l'emballe (si vous y parvenez, c'est que vous tenez entre les mains un œuf de Pâques).

COUVAISON OU ADOPTION ?

Mieux vaut élever un dragonnet que l'on a vu naître. En effet, il est plus facile d'établir une relation intime et durable avec un nouveau-né qu'avec un petit qui se souvient de sa mère.

BIEN PRÉPARER SA MAISON

Avant d'accueillir votre petit protégé, assurez-vous que vos objets de valeur sont hors de sa portée. Un bébé dragon mord, mâche et griffe sans retenue, et aime par-dessus tout s'emparer de bibelots scintillants pour les cacher. Il peut aussi s'entraîner à cracher le feu sur vos meubles. Ayez sous la main une réserve d'aliments suffisante. Vous devez tout faire pour que le dragonnet soit à l'aise et à l'abri, le temps qu'un attachement sincère se forge entre lui et vous.

Si vous rechignez à établir une tanière sous votre toit…

… assurez-vous au moins que votre jardin est bien clos.

COMMENT COUVER UN ŒUF

Dès que vous aurez acquis votre œuf, rentrez chez vous le plus vite possible. Posez-le sur une couche de braise ardente que vous maintiendrez en combustion le temps de l'incubation, c'est-à-dire pendant trente-six mois. Au début, veillez à retourner l'œuf chaque jour : il ne faut pas que le jaune se colle contre la coquille.

*1. **Prenez patience***
Un œuf de dragon européen éclot au bout de 1 095 jours. Pour savoir quand naîtront les petits, mieux vaut connaître la date de la ponte.

*2. **Tendez l'oreille***
Quand le dragonnet est sur le point de paraître, il frappe la coquille avec la pointe de son diamant.

*3. **Soyez bien équipé***
Prévoyez un marteau, une bassine d'eau bouillante et une serviette, sans oublier des tenailles pour sortir le petit du bain sans vous brûler.

*4. **Frappez fort***
Un bon coup de marteau aidera le dragonnet à éclore. Surtout, visez bien la coquille.

*5. **Attachez-vous à votre bébé***
Lavez soigneusement le dragonnet, enroulez-le dans un linge et parlez-lui tendrement : « Areu areu, ti bébééé ! »

À FAIRE ET À NE PAS FAIRE

Ces conseils sont valables pour tous les nouveau-nés, qui grandissent très vite, comme vous le verrez. N'oubliez pas : un dragonologue digne d'estime sait garder la tête froide quand tout flambe autour de lui.

À FAIRE :

** Parler de vous en disant « Papa » ou « Maman ».*
** Disposer des objets brillants dans la tanière du dragonnet.*
** Consacrer chaque jour un peu de votre temps au dragonnet.*
** Éduquer votre petit afin qu'il soit propre le plus tôt possible.*
** Le nourrir généreusement.*

À NE PAS FAIRE :

** Surnommer votre petite sœur « Gourmandise » ou « Croquette ».*
** Oublier de ranger votre briquet ou vos objets en métal.*
** Laisser votre dragonnet seul pendant plusieurs semaines.*
** Être trop indulgent : en cas de mauvais comportement, vous devez sévir sans attendre.*
** Être à court de nourriture.*

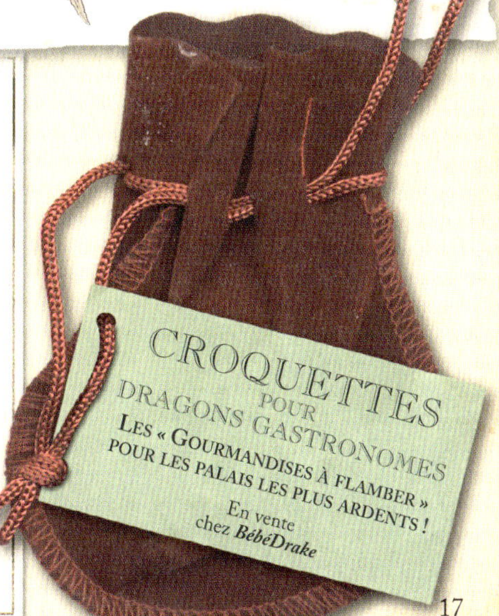

L'ALIMENTATION ET LES PREMIERS SECOURS

Comme le sait tout dragonologue averti, 20 ou 25 hectares de terre et 300 têtes de bétail suffisent tout juste à nourrir un dragonnet. Surtout, variez l'alimentation de votre petit, car sa croissance nécessite toute une gamme de nutriments et de sels minéraux.

LES RECETTES DU SUCCÈS

Ces quelques recettes le démontrent : les petits plats préférés d'un dragon sont faciles à cuisiner. Évitez de mettre au menu de véritables ours polaires et éléphants, qui doivent eux-mêmes être protégés.

POUR LE DRAGON DES GLACES

GRATIN À L'OURS POLAIRE

Ingrédients :
150 poissons gras (ex : maquereau)
45 litres de sauce blanche
Un bouquet de persil
(Ne cuisez jamais de véritables ours polaires)

Disposez les poissons dans un récipient de grande taille (par exemple, un chaudron de 100 litres), couvrez de sauce blanche, ajoutez le persil et mettez au congélateur.

POUR LE DRAGON MARSUPIAL

TOURTE AU KOALA

Ingrédients :
15 koalas bien dodus
24 paires de vieilles chaussures en cuir
2 sacs de farine complète
Matière grasse (ex : beurre)

Faites revenir les chaussures à la poêle jusqu'à ce qu'elles soient bien tendres. Malaxez la matière grasse et la farine pour obtenir une pâte. Mettez les koalas dans un plat, ainsi que les chaussures, couvrez de pâte et cuisez au four.

L'IMPORTANCE DE L'EXERCICE PHYSIQUE

Certains débutants sont surpris par le dynamisme et l'énergie des dragonnets, qui exercent une activité physique intense. S'il n'a pas l'occasion de « lâcher de la vapeur » (et éventuellement quelques flammèches assorties de fumée), votre dragonnet manifestera son exubérance innée de façon plus nuisible. Il sera alors trop tard pour dire « Non ! » d'une voix puissante.

Assurez-vous que l'animal a bien compris ce qu'il doit rapporter.

PREMIERS SOINS

Au moindre signe de tristesse ou de fatigue chez votre dragon, tenez l'animal dépressif au chaud et manifestez-lui une attention et un soin sans faille. Si les symptômes persistent, consultez votre vétérinaire dragonologiste.

ÉLEVER UN DRAGONNET

Éduquer un dragonnet n'est pas chose facile ; il ne faut pas non plus l'apprivoiser trop profondément, car il retrouvera sa liberté une fois adulte. Ces quelques conseils faciliteront votre vie quotidienne avec votre petit dragon – surtout en ce qui concerne l'acquisition de la propreté.

Fort heureusement, un dragonnet maîtrise la propreté dès l'âge de deux ou trois ans.

LES PETITES ASTUCES DU DR DRAKE

LA PROPRETÉ

Un dragon adulte ne salit jamais son repaire, mais les petits, eux, doivent être éduqués. En attendant, protégez le sol en le couvrant d'une couche de papier d'une cinquantaine de centimètres d'épaisseur.

JOUER AVEC LE FEU

Un dragonnet seul à la maison risque d'y mettre le feu, pour soulager son anxiété. Ne prenez pas de risque : pensez à lui laisser des jouets qu'il pourra flamber à volonté.

LES RÉCOMPENSES

Punir un dragonnet ne sert à rien : il n'en deviendrait que plus boudeur, voire, dans certains cas, rancunier. En revanche, donnez systématiquement une petite friandise à un animal qui fait montre d'obéissance.

LES COMPORTEMENTS INATTENDUS

L'intérêt qu'un dragon manifeste pour le monde qui l'entoure évolue au fil du temps. Si votre dragonnet est séduit par les livres, c'est parce qu'ils produisent de belles flammes. Évitez donc de l'emmener à la bibliothèque. Quand il aura appris à lire, il aimera les livres pour des raisons bien différentes. À ce stade, il est toutefois peu probable que votre bibliothécaire l'accueille à bras ouverts.

SAUTS DE JOIE

Personne ne songerait à gronder un bébé dragon qui bondit pour dire bonjour, mais quand il s'agit d'une bête adulte, c'est autre chose. En ce cas, repoussez fermement l'animal en disant : « Non ! »

RUGISSEMENTS

Si votre dragon rugit, félicitez-le d'avoir ainsi donné l'alarme, puis donnez-lui une friandise. Apprenez-lui à cesser de rugir pendant au moins une minute avant de le récompenser.

Il n'est pas impossible que votre dragonnette aille voler des œufs dans votre cuisine, pour les couver comme si c'étaient les siens. Elle ne les abîmera pas, mais quand vous irez les chercher, vous constaterez qu'ils sont tous parfaitement cuits.

LES JEUX ÉDUCATIFS

Comme bien des animaux, les dragonnets acquièrent leur comportement d'adulte en pratiquant des jeux de toutes sortes. Les combats fictifs sont les plus fréquents ; mais si la peau des dragons est ininflammable, ce n'est probablement pas le cas de la vôtre. Mieux vaut donc initier l'animal à des jeux moins périlleux.

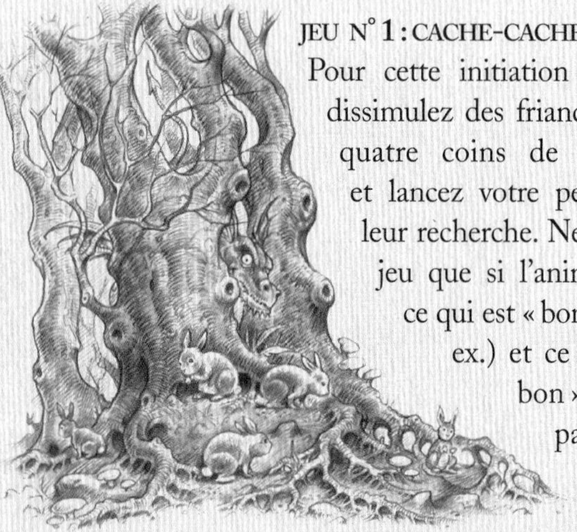

JEU N° 1 : CACHE-CACHE, CROC-CROC
Pour cette initiation à la chasse, dissimulez des friandises dans les quatre coins de votre jardin et lancez votre petit dragon à leur recherche. Ne pratiquez ce jeu que si l'animal distingue ce qui est « bon » (un os, par ex.) et ce qui est « pas bon » (vos voisins, par ex.).

Cachez bien les « proies » qu'il faudra débusquer.

JEU N° 2 : SAUTE-DRAGON
Les petits dragons d'une même portée y jouent souvent. En déployant leurs ailes pour sauter par-dessus leurs frères et sœurs, ils étirent et renforcent leurs muscles. Évitez d'y inviter des dragons trop âgés, qui pourraient se révéler très lourds.

Un dragonnet bien nourri saura divertir les enfants les plus infatigables.

GARDERIE DU DR DRAKE

EXPÉDITION SCIENTIFIQUE ? CYCLE DE CONFÉRENCES ? VOYAGE TOURISTIQUE ?

SI VOUS DEVEZ VOUS ABSENTER, CONFIEZ VOTRE DRAGONNET À LA GARDERIE DU DR DRAKE

IL SERA ACCUEILLI ET BICHONNÉ

DANS UN MERVEILLEUX PARC FORESTIER

GARDERIE DU DR DRAKE,
FORÊT DE SAINT-LÉONARD
Enlèvement à domicile

LA COMMUNICATION

INITIATION AU LANGAGE DES SIGNES

Notre cher petit Flambeau fait le signe « trésor ».

Un dragonnet peut maîtriser quelques gestes simples avant d'apprendre à parler. Notre méthode vous permettra de communiquer avec le vôtre sans attendre que ses cordes vocales se développent.

TECHNIQUE DE BASE

Le langage des signes dragonesque n'est pas soumis à des règles établies, mais les gestes qui figurent ci-dessous ont démontré leur efficacité. Ils ont l'avantage d'être faciles à exécuter à la fois par l'être humain et par le dragon. Assurez-vous que votre dragonnet vous regarde avant de mimer votre message ; vous constaterez bientôt qu'il se plaît à vous imiter.

Pas bon à manger

Bon à manger

Trésor

Dormir

Attaquer

Gentil dragon

Quand votre dragonnet passera un cran au-dessus en prononçant ses premiers mots, vous pourrez créer vos propres outils pédagogiques ou les commander sur le catalogue BébéDrake.

L'ABÉCÉDAIRE DU DRAGONNET AVEC *BÉBÉDRAKE*

A comme Amulette

B comme Bonbon

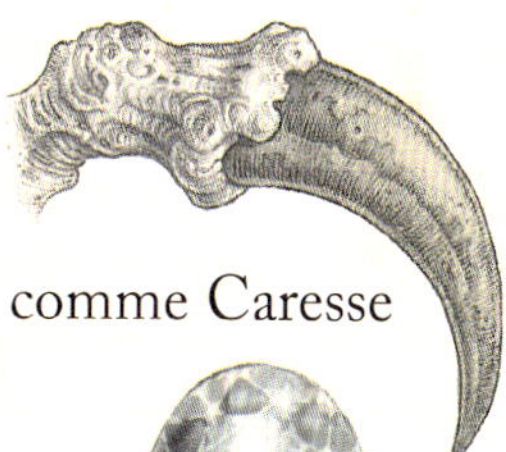

C comme Caresse

D comme Diamant

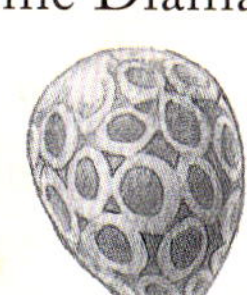

E comme Embryon

LES GRANDES ÉTAPES DE LA VIE

Après les joies de la première année, au cours de laquelle un dragonnet bien élevé est un compagnon adorable, le côté sauvage de l'animal s'affirme progressivement jusqu'à la cinquième année ; arrivé au stade adulte, le dragon doit alors être relâché.

LA PRÉADOLESCENCE

VERS DEUX ANS, l'animal atteint une taille imposante, mais ne se maîtrise pas encore pleinement. Ainsi, vous serez avisé de ranger une pelle sur le pas de la porte, jusqu'à ce qu'il ait compris que certaines activités doivent avoir lieu au jardin.

L'ADOLESCENCE

C'EST À CE STADE – nullement traumatisant pour lui – que le dragonnet amasse son premier trésor. Après avoir subtilisé les objets brillants de toute votre famille, de vos invités et de vos voisins, il les défendra avec force et résistance. Heureusement, un dragon de trois ans n'est que rarement capable de cracher du feu. Toutefois, mieux vaut attendre qu'il soit éloigné ou profondément endormi pour récupérer les biens qu'il a mis de côté.

LA POSTADOLESCENCE

C'EST L'ÂGE de la frustration pour le dragon : il endure une telle crise de croissance qu'il en perd sa grâce légendaire. Ainsi, gardez une serpillière et un balai à portée de main, jusqu'à ce qu'il ait pris l'habitude de faire ses besoins au jardin.

Le débutant bat de l'aile, mais il saura un jour prendre son envol…

L'ÂGE ADULTE

UN DRAGONOLOGUE qui endure sans broncher la cinquième année de son animal est digne de compliments. Le dragon, encore assez maladroit en vol, est de plus en plus frustré. À cet âge, il crache du feu avec facilité : il atteint alors sa pleine maturité et devra bientôt quitter le « nid ».

VOLER DE SES PROPRES AILES

REMETTRE UN DRAGON EN LIBERTÉ

Le jour que redoutent tous les dragonologues arrive tôt ou tard : le dragonnet, qui a fait l'objet de tant de soins, atteint une telle taille et manifeste une telle force qu'il doit être rendu à la nature. N'oubliez pas que notre but est avant tout de protéger et sauvegarder les dragons *sauvages.*

LE SITE IDÉAL DOIT ÊTRE :

* *Exempt de toute présence humaine*
* *Riche en nourriture*
* *Loin du domaine d'autres dragons*
* *D'une superficie suffisante*
* *Pourvu de repaires aménageables*
* *Pas trop inaccessible, pour les visites*
* *Adapté à la race de votre dragon*

Il faut savoir être ferme au moment de rendre un dragon à la nature. Au début, il ne comprendra peut-être pas pourquoi il doit partir.

Au bout de quelques heures, vous constaterez que l'animal est parfaitement dans son élément.

Plus d'ampoules, plus de plaies !

Commandez dès aujourd'hui votre

SELLE

pour dragons sur mesure

Mieux qu'une selle : un coussin !

Renseignez-vous chez votre dépositaire ***L'Écuyer du dragon***

ANNEXE I

QUELQUES BERCEUSES

Quand il arrive dans sa nouvelle maison, un dragonnet peut avoir du mal à trouver le sommeil. Chanter une berceuse se révèle alors souvent efficace. Même s'il ne comprend pas bien les mots que vous prononcez, le petit percevra le ton de votre voix, qui devra donc être très douce.

TU COURS, TU COURS, DRAGONNET

Tu cours, tu cours, dragonnet,
Dragonnet du bois, Mesdames,
Tu cours, tu cours, dragonnet,
Dragonnet du bois joli.
Tu as mis le feu ici,
Tu le remettras par là.

PROMENONS-NOUS DANS LES BOIS

Promenons-nous dans les bois,
Le gros dragon n'y est pas,
Si le dragon y était,
Il nous flamberait !
Dragon, y es-tu ? Où es-tu ?
Que fais-tu ?
Je range mes bijoux...
Promenons-nous dans les bois,
Le gros dragon n'y est pas,
Si le dragon y était,
Il nous flamberait !

SAVEZ-VOUS FLAMBER LES CHOUX ?

Savez-vous flamber les choux,
Comme la flamme, comme la flamme,

Savez-vous flamber les choux,
Comme la flamme de mon crachat ?

IL ÉTAIT UNE VOUIVRE

Il était une vouivre
Et ron et ron, mon petit dragon,
Il était une vouivre
Qui croquait du rhino, no, no
Qui croquait du rhino.
Elle n'avait que deux pattes,
Et ron et ron, mon petit dragon,
Elle n'avait que deux pattes,
Mais des ailes d'acrobate, bate, bate,
Mais des ailes d'acrobate.

AH ! VOUS DIRAI-JE, MAMAN

Ah ! vous dirai-je, Maman
Ce qui cause mon tourment ?
Depuis que j'ai vu la pierre
Scintiller sur l'étagère
Mon cœur dit à chaque instant
Peut-on vivre sans diamant ?
L'autre jour dans un bosquet
J'ai humé le bon gibier
Partout derrière les bouleaux
Frétillaient les gras mulots
J'imaginais mon régal
Mon festin dominical

DODO, DRAGON DO

Dodo, dragon do,
Dragon dormira bien vite,
Dodo, dragon do,
Dragon restera au chaud.

J'AI DESCENDU DANS MON JARDIN

J'ai descendu dans mon jardin (bis)
Pour y mettre le feu au foin.
Gentil dragonnet, mesdames,
Gentil dragonnet tout beau !
Un rossignol vint sur ma main (bis)
Je l'ai croqué comme du bon pain.
Gentil dragonnet, mesdames,
Gentil dragonnet tout chaud !

ANNEXE II

CARNET DE SANTÉ

Tout dragonologue digne de ce nom tient méticuleusement à jour le carnet de santé de son dragonnet, afin de le livrer à la postérité. Voici un exemple de ce qui peut y figurer. Il ne vous reste qu'à remplir la page suivante.

NOM :	Flambeau
RACE :	européenne
ÂGE :	2 ans
POIDS DE NAISSANCE :	7 kilos
TAILLE DE NAISSANCE :	50 cm

ALIMENT PRÉFÉRÉ :	cochon sur pattes
JOUET PRÉFÉRÉ :	ma veste ignifugée
PREMIERS PAS :	2 heures après sa naissance
PREMIERS SIGNES DE CONSTITUTION D'UN TRÉSOR :	2 heures et 2 minutes après sa naissance, il s'est emparé de ma montre-gousset. Serait-ce un record ?
PREMIERS MOTS :	« Manger », « petit garçon », « trésor »
PREMIÈRE FLAMME :	2 heures et 3 minutes après sa naissance

NOTES ET REMARQUES : Flambeau est animé d'une grande curiosité, mais il a perdu toute étincelle de malice le jour où il a été malade. Heureusement, cela n'a pas duré, car une simple dose de mon sirop pectoral a su le soulager. Le dimanche, quand on prépare le déjeuner, il le devine avec une grande exactitude. Il faut alors surveiller de près la porte de la cuisine !

LE CARNET DE SANTÉ
DE MON DRAGON

Le présent carnet a été délivré par la S. A. S. D. à l'intention du Dr Ernest Drake, qui l'a inclus dans son ouvrage intitulé *Comment élever son bébé dragon*. Pour commencer, esquissez dans le cadre ci-dessous le portrait de votre animal.

NOM :	
RACE :	
ÂGE :	
POIDS DE NAISSANCE :	
TAILLE DE NAISSANCE :	60cm

ALIMENT PRÉFÉRÉ :	[redacted]
JOUET PRÉFÉRÉ :	[redacted]
PREMIERS PAS :	[redacted]
PREMIERS SIGNES DE CONSTITUTION D'UN TRÉSOR :	[redacted]
PREMIERS MOTS :	[redacted]
PREMIÈRE FLAMME :	1 heure après sa naissance

NOTES ET REMARQUES :

[redacted]

CONCLUSION

Souvenez-vous que la dragonologie – animée d'un souci constant de protection et de défense – est souvent le premier pas d'une longue aventure scientifique. Pour de plus amples connaissances, je vous suggère de lire mes autres ouvrages : *Encyclopédie des dragons* et *Petit manuel de dragonologie*, que la Société ancienne et secrète de dragonologie tient à la disposition de ses adhérents.

Ernest Drake